UNA HISTORIA

Papel certificado por el Forest Stewardship Council®

Para Hugo

Título original: *Une Histoire* de Édouard Manceau

Primera edición: marzo de 2024

© 2023, Sens Dessus Dessous, Groupe Delcourt

© 2024, Penguin Random House Grupo Editorial, S. A. U.
Travessera de Gràcia, 47-49. 08021 Barcelona
© 2024, Penguin Random House Grupo Editorial, S. A. U.
Travessera de Gràcia, 47-49. 08021 Barcelona / Berta Martín Collado, por la traducción

Printed in Spain – Impreso en España

ISBN: 978-84-488-6788-1
Depósito legal: B-548-2024

Realización editorial: Vanessa Cabrera
Impreso en Gráficas 94, S.L.
Sant Quirze del Vallès (Barcelona)

BE 6 7 8 8 A

Édouard Manceau

UNA HISTORIA

Para crear una historia,
siempre hace falta
un punto de partida...

Aquí hay dos.
Uno verde y uno azul.
¿Cuál elegimos?

Escojamos el verde.

Ahora hay que dejar
que las cosas vengan.

Esto requiere de mucha paciencia.
Mucha, mucha, mucha paciencia...

Pero si logramos
ser pacientes...

veremos que todo da sus frutos.

La historia comienza.

Es bonito ver nacer una historia.

Ver cómo crece.

Pensar que pronto
estará habitada.

Que un árbol tan bonito
trae inevitablemente
consigo un mundo.

Y ese mundo...

atrae a todo el mundo.

Poco a poco,

la historia cobra vida.

Se construye.

Llegan nuevos personajes.

Compartimos buenos
momentos con ellos.

Es una historia bonita.

Pero, hasta en las más bellas historias, de vez en cuando, se cuelan seres malvados...

Esto nos trastoca un poco la historia.

Pero no hay nada que hacer.
La historia está hecha así...

¡Es duro!
Pero no será un malvado lobo
el que nos impida seguir soñando.

E, incluso, si estos dos de aquí
deciden separarse... ¡la historia
no tiene por qué acabar!

¡Mirad! Este ha encontrado
a un nuevo amigo. A lo mejor
ya se queda en su casa
para siempre. ¡Quién sabe!

Y este otro, que ha conseguido
una bicicleta, a lo mejor se va
a dar la vuelta al mundo.

Esta historia nos deja
con bastantes preguntas.

¿Hubiera sido todo igual si,
al principio...

hubiéramos escogido
el punto azul?